FEDERICO MOMPOU

CANCION Y DANZA
I, II, III, IV

PARA PIANO

UNION MUSICAL EDICIONES S.L

CANCION Y DANZA

F. MOMPOU

I

4

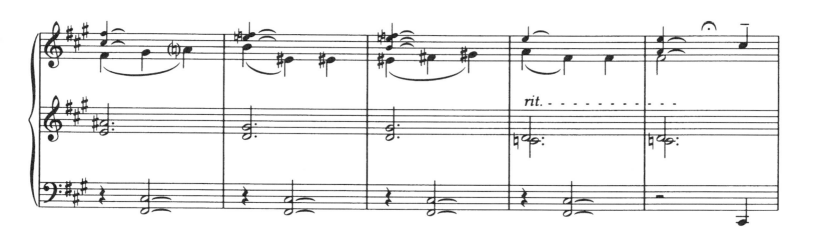

CANCION Y DANZA

II

F. MOMPOU

8

a Frank Marshall

CANCION Y DANZA

III

F. MOMPOU

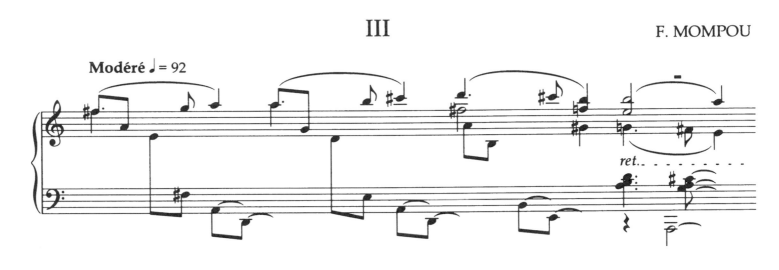

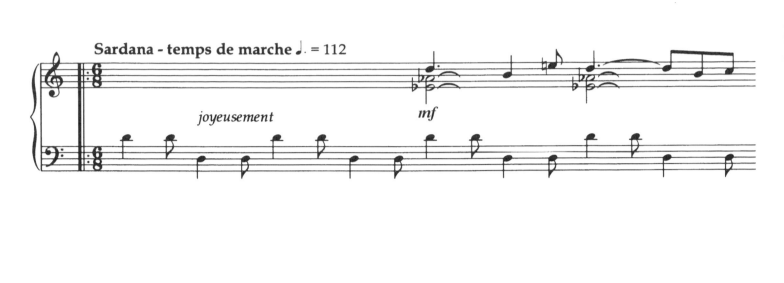

a madame la Princesse Bassiano

CANCION Y DANZA

IV

F. MOMPOU

El signe ⌢ equival a un petit retardant.

El signe — equival a un retardant més accenrunt

Passeig - Promenade